가장 쉬운 레노먼드

가장 쉬운 레노먼드

지은이   타로매직

발 행   2022년 08월 29일
펴낸이   한건희
펴낸곳   주식회사 부크크
출판사등록   2014.07.15.(제2014-16호)
주 소   서울특별시 금천구 가산디지털1로 119 SK트윈타워 A동 305호
전 화   1670-8316
이메일   info@bookk.co.kr

ISBN   979-11-372-9317-5

www.bookk.co.kr
ⓒ 타로매직 2022

가장 쉬운 레노먼드

타로매직

BOOKK

차례

레노먼드 카드에 대해 5

작가의 말 119

레노먼드 카드에 대해

레노먼드라는 명칭은 영어식 발음이고 본래의 이름은 르노르망이다. 로노르망은 프랑스의 점술가 마리 안느 르노르망의 이름에서 유래했다. Marie Anne Adelaide Normand(1772-1843)는 나폴레옹 시대에 상당한 명성을 얻은 프랑스의 전문 점술가였다. 마리 안느 르노르망은 18세기 후반에 시작된 프랑스 카드 점, 카토맨시(Cartomancy) 역사상 가장 위대한 카토맨서로 간주한다.

마리 안느 르노르망이 사망한 후 그녀의 이름은 여러 카드 점에 사용되었다. 여러 카드 점 중, 쁘띠 르노르망 또는 간단히 르노르망 카드(레노먼드 카드)로 알려진 36장의 삽화 카드 덱이 오늘날 가장 광범위하게 사용되고 있다.

레노먼드 카드를 공부하는 사람 대부분은 이미 타로를 공부했거나 타로 리더로서 활동하고 있을 것이다. 레노먼드 카드와 타로 카드는 해석에서 크게 차이가 있다. 타로 카드는 추상적, 상징적인 특징을 가지고 있지만, 레노먼드 카드는 직설적, 분석적 성격을 가지고 있다. 따라서 타로는 한 장으로도 다양한 해석을 할 수 있지만 레노먼드 카드 한 장은 하나의 단어에 지나지 않는다.

단어 하나로는 해석하기 힘들기 때문에 문장의 형태를 갖추기 위해서는 적어도 두 장 이상의 레노먼드 카드가 필요하다. 예를 들어 클로버 카드는 행운을 의미한다. 클로버 카드 뒤에 번영을 의미하는 나무 카드가 오면 행운이 커진다고 해석할 수 있다. 행운을 계기로 번영을 이룬다는 해석이 가능한 것이다. 그런데 만약 클로버 카드 뒤에 끝을 의미하는 낫 카드가 오면 아무리 긍정적인 의미를 가진 클로버 카드라고 하더라도 긍정적으로 해석하기 힘들다. 클로버와 낫 카드의 조합은 행운의 끝을 의미하기 때문이다.

또, 레노먼드 카드를 처음 접하는 사람들은 레노먼드 카드를 타로 카드의 보조 카드 정도로 생각하는 경우가 종종 있다. 하지만 레노먼드 카드와 타로 카드는 엄연히 다른 점술 수단이다. 때에 따라서 서로의 보조로 사용할 수는 있지만 레노먼드 카드 자체가 타로 카드의 보조 역할을 위해 존재하는 것은 아니다. 리더가 때에 따라 타로 카드와 레노먼드 카드를 적절히 배치하여 점술에 사용할 수 있지만, 레노먼드 카드가 타로 카드의 하위 개념은 아니다.

레노먼드 카드의 해석방법

앞에서 말했듯이 한 장의 레노먼드 카드는 하나의 단어에 불과하다. 적어도 두 장 이상의 카드로 문장을 만들어야 한다. 레노먼드 카드는 순서에 따라 해석이 달라질 때도 있기 때문에 어떤 식으로 문장을 만드는지 익혀 두는 것이 좋다.

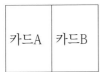

1. A 상황이 일어난 후에 B 상황이 일어난다.
2. 만약 A를 선택하면 B가 된다.
3. A는 과거, B는 현재 (A가 현재라면 B는 미래)
4. A가 B로 이어진다.

예시)

어린이 : 시작, 순수
구름 : 모호함, 불안

1. 새로운 일이나 관계를 시작했고 미래가 불투명하다.
2. 새로운 시작을 하면 미래에 대한 두려움 때문에 불안해한다.
3. 과거에 새로운 시작을 했고 현재는 방향성과 계획이 확실하지 않다.
4. 과감한 시작이 불안으로 이어진다.

레노먼드 스프레드

1. 3 카드 비네트
 비네트는 짧은 문장이라는 뜻이다. 세 장의 카드를 사용하여 간략하게 상황을 설명할 수 있는 스프레드다. 타로에서 3 카드 리딩은 과거, 현재, 미래 각각의 상황을 설명하는 것이 일반적이지만 레노먼드 카드의 3 카드 비네트는 3장이 모여 하나, 혹은 두 개의 문장으로 상황을 설명한다.
 A, B, C 3장의 카드를 A+B로 문장을 만들고, B+C로 문장을 만들어 반복적으로 리딩을 연습하는 것이 좋다.

예시)

반지(약속, 계약)
클로버(행운, 즐거움)
닻(안정, 지속, 정착)

·반지 + 클로버 : 행운으로 이어질 수 있는 계약을 맺는다.

·클로버 + 닻 : 행운이 오랫동안 지속한다.
·반지 + 클로버 + 닻 : 장기적으로 긍정적인 이익을 줄 수 있는
계약을 체결한다.

　레노먼드 리딩에서는 카드의 순서도 중요하기 때문에 클로버를
건너뛰고 반지+닻의 순서로 해석하지 않는다. 다시 한번 말하지만,
레노먼드 카드 한 장은 하나의 낱말이다. 두 장 이상이 되었을 때,
문장이 되어 해석할 수 있기 때문에 상징적 추상적으로 해석하는
타로와는 차이가 있다.

2. 9장 타블로

길	배	태양
관	나무	집
구름	하트	물고기

9장을 가로 읽기, 세로 읽기, 십자 읽기, 모서리 카드 읽기 등의 방법으로 읽어낸다. 이 방법을 통해 현재 일어나는 일, 미래에 일어나는 일, 카드가 전하고자 하는 에센스 메시지 등을 읽어 낼 수 있다.

<가로 읽기>
·길(결정, 선택) + 배(모험, 새로운 챕터) + 태양(성공, 행복) : 새로운 영역에 도전하면 성공할 수 있다.
·관(끝, 변혁) + 나무(번영, 성장) + 집(안정, 기반) : 과거보다 더 확장된 형태의 새로운 기반을 마련한다.
·구름(불안, 모호함) + 하트(사랑, 열정) + 물고기(풍요) : 두려움을 극복하고 심장이 뛰는 것을 따르면 풍요가 온다.

<세로 읽기>
·길(결정, 선택) + 관(끝, 변혁) + 구름(불안, 모호함) : 변화를 선택하는 것이 두렵다.

·배(모험, 새로운 챕터) + 나무(번영, 성장) + 하트(사랑, 열정) : 새로운 길을 선택하면 열정적으로 행동하고 성장을 이룬다.
·태양(성공, 행복) + 집(안정, 기반) + 물고기(풍요) : 성공과 안정, 그리고 풍요로운 삶.

<십자 읽기>
 십자 읽기는 과거, 현재, 미래의 카드를 가운데에 있는 키 카드와 함께 읽어내는 방법이다.

	배 (현재)	
관 (과거)	나무 (key)	집 (미래)
	하트 (힌트)	

·(과거) 관+나무 : 현재에서 머물기보다는 성장과 확장의 길을 선택한다.
·(현재) 배+나무 : 새롭게 선택한 방향성, 사업 영역에서 성장하고 있다.
·(미래) 나무+집 : 사업의 확장, 성장 후의 안정된 기반을 마련한다.
·(힌트) 하트 + 전체적인 카드들의 의미 : 심장이 두근거리는 쪽을 선택하라.

<4개의 모서리 카드 읽기>
 모서리 카드는 전체 해석의 베이스, 근저에 존재하고 있는 것, 질문자가 희망하는 것 혹은 두려워하는 것을 나타낸다.

·길(결정, 선택) + 태양(성공, 행복) + 구름(불안, 모호함) + 물고기(풍요) : 성공과 행복을 위한 과감한 결정을 망설이는 이유는 질문자의 잠재의식 속에 돈에 관한 막연한 불안이 존재하기 때문이다.

그 랑 타 블 로

그랑 타블로는 레노먼드 36장을 모두 펼쳐서 해석하는 스프레드이다. 해석 방법에 정해진 순서는 없지만, 편의를 위해 알파벳 a, b, c의 순서로 설명 하겠다. 소개한 해석방법 이외에도 다양한 해석 방법이 있지만 그랑 타블로의 해석 방법을 처음 접하면 상당히 복잡하게 느껴지기 때문에 가장 간단하고 쉽게 해석하는 방법을 소개하고자 한다.

a. 첫 줄 왼쪽부터 3장의 카드 - 전체 해석의 예고편
  첫 줄 왼쪽부터 3장의 카드는 전체적인 해석의 분위기를 결정하는 중요한 요소가 된다. 앞으로 펼쳐질 전체 해석을 요약해서 보여주는 예고편과 같다.

b. 질문자의 카드와 키 카드 찾기
  질문자의 위치를 확인합니다. 만약 질문자가 여성이라면 29번 여자 카드가 본인의 카드이고 28번 남자 카드는 연애 상대방, 혹은 자신에게 큰 영향을 끼치는 인물을 나타낸다. 여자 카드와 남자 카드 사이의 거리는 두 사람의 물리적인 거리 혹은 심리적인 거리를 나타낸다.
  질문자 카드의 위치를 확인했다면 이번에는 테마가 되는 키 카드, 즉 운명의 별 카드(Significator)를 찾을 차례이다. 질문의 주제가 되는 카드를 운명의 별(Significator)라고 한다.

질문 주제에 따라 정할 수 있는 운명의 별 카드(Significator)를 몇 가지 알아보자.

· 사랑, 연애 - 하트
· 건강 - 나무
· 일, 사업 - 여우
· 가족 - 집
· 연인 - 남자, 여자
· 공부 - 책
· 돈, 금전운 - 물고기
· 이동운 - 배

만약, 그랑 타블로를 통해 연애 운을 보고 싶다면 하트 카드를 키 카드로 놓고 주변 카드를 해석하면 된다. 그랑 타블로의 장점 중 하나가 다양한 부분의 해석을 함께 할 수 있다는 것이다.

36장의 카드를 펼쳐놓고 하트 카드를 중심으로 연애 운을 보고, 여우 카드와 물고기 카드의 주변 카드를 보면서 사업 운, 금전 운 등을 볼 수 있다. 그랑 타블로 스프레드로 연애 운부터 건강 운, 이동 운까지 모두 살펴볼 수 있다.

하지만 나는 개인적으로 하나의 주제를 깊이 있게 해석하는 것을 선호하기 때문에 하나 혹은 두 개 정도의 주제로만 해석한다.

c. 십자 리딩 - 과거, 현재, 미래의 흐름 파악

앞에서 설명한 바 있는 십자 리딩으로 본인, 상대방, 키 카드 (Significator)의 과거 현재 미래의 흐름을 해석한다.

d. 모서리 4장의 카드 - 질문자의 희망 혹은 두려움

모서리 4장은 질문자의 베이스에 해당한다. 질문자가 기본적으로

가지고 있는 희망, 두려움 잠재의식이나 상황의 근저에 존재하는 것을 나타낸다.

e. 가장 아래 4장의 카드 – 에센스 메시지, 조언
가장 아래 줄, 4장은 카드가 당신에게 전하고 싶은 중요 메시지, 지혜를 담은 조언에 해당한다.

f.

그랑 타블로에서는 왼쪽은 과거 오른쪽은 미래를 나타낸다. 질문자의 카드(성별에 따라 남자 카드, 혹은 여자 카드)가 위치한 열은 질문자의 현재 상황을 나타내며 질문자의 카드를 중심으로 왼쪽은 과거의 사건, 오른쪽으로 갈수록 아직 일어나지 않은 미래의 사건에 대해 이야기한다.

g.

그랑 타블로에서는 질문자 카드를 중심으로 위쪽은 감정적, 영적 영역, 아래쪽은 현실적으로 어떤 사건들이 일어나고 있는 지 나타낸다.

<그랑 타블로 해석의 예> - 러브 리딩

닻	하트	여자	관	새	태양	산	집
편지	황새	곰	책	정원	부케	열쇠	반지
십자가	릴리	클로버	길	나무	라이더	탑	채찍
여우	물고기	어린이	배	생쥐	남자	구름	개
		낫	달	별	뱀		

a. 첫 줄 왼쪽부터 3장의 카드

·닻 + 하트 + 여자

3장 카드의 해석은 앞에서 언급한 바 있지만 닻 + 하트 / 하트 + 여자 로 하는 것이 일반적이다. 닻+ 하트 : 안정적인 사랑 / 하트 + 여자 : 여자는 사랑을 원한다. 결국 이 3장을 함께 보면 (여기서 질문자를 여자카드로 본다) 질문자는 안정적인 사랑을 원한다. 라는 해석이 가능하다.

b. 질문자의 카드와 키 카드(Significator) 찾기 / 십자 리딩

키 카드(Significator)는 질문자에 해당하는 여자 카드, 상대에 해당하는 남자 카드, 연애와 사랑을 이야기하는 하트 카드가 될 것이다. 러브 리딩에서 남자 카드와 여자 카드의 거리는 심리적인 혹은 물리적인 거리를 나타낸다. 본 스프레드에서는 남자와 여자 사이의 거리가 꽤 멀다는 것을 알 수 있다. 따라서 두 사람은 감정적으로 서로를 잘 이해하지 못하고 있는 것일 수도 있고 실제 장거리 연애일 수도 있다.

키 카드를 중심으로 십자 배열을 해석해 보자.

하트 (과거)	여자 (key)	관 (미래)
	곰 (힌트)	

1) 키 카드 - 여자

카드 위치상 십자를 완성하지 못하는 경우 없는 부분은 생략하고 해석한다. 여자의 과거 위치에 하트, 미래에 관, 힌트는 곰이다.

여자는 이 사랑, 연애에 변환기(관)가 필요하다고 생각하고 있다. 힌트 카드가 곰이므로 여자는 지금까지의 관계성에 큰 변화를 주기 위해 행동하려고 하고 있다.

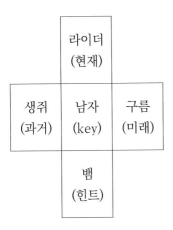

	라이더 (현재)	
생쥐 (과거)	남자 (key)	구름 (미래)
	뱀 (힌트)	

2) 키 카드 - 남자

남자는 스트레스 받는 상황(생쥐) 속에 있었기 때문에 연애에 적극적으로 행동하지 못했다. 현재는 움직이려고 하고 있다. 변화(라이더)를 주려고 하고 있다. 하지만 아직 현실에 매여 있는 사정이 있기 때문에(힌트 뱀 카드) 두 사람의 미래에 대한 막연한 두려움(구름)을 가지고 있다.

닻 (과거)	하트 (key)	여자 (미래)
	황새 (힌트)	

3) 키 카드 - 하트

 지금까지 움직이지 않고 발전이 없었던 관계(닻)에 변화(황새)가
생기려고 하고 있다. 특히 이 변화를 주도하는 것은 여자 쪽이다.
힌트 카드가 황새이므로 동거를 시작하거나 가까운 곳으로 이사를
하는 등의 변화도 있을 수 있다.

c. 모서리 4장의 카드 (질문자의 희망 혹은 두려움)
·닻, 집, 여우, 개

 관계의 안정성, 정착(예를 들면 결혼, 동거 같은 형태)을 원하기
때문에 스트레스를 받고 있으며 한편으로는 함께 이 상황을 잘 극
복하는 동반 관계를 이루어 나가기를 원하고 있다. 관계가 안정을
찾기 위해서는 믿음을 기반으로 한 협력과 궁리가 필요하다.

d. 가장 아래 4장의 카드 (조언, 에센스 메시지)

·낫, 달, 별, 뱀

달과 별 뒤에 뱀이 숨어있다. 서로를 사랑하는 마음, 미래를 함께 하고자 하는 마음 그 마음 뒤에 숨어있는 뱀,

뱀은 현실적으로 매여 있는 문제일 수도 있고 두 사람이 함께하려면 반드시 제거되어야 하는 부분일 수도 있다. 뱀이 달과 별 뒤에 나온 것을 보면 표면적으로 두 사람은 문제가 있어도 문제에 대해 진지하게 이야기하지 않고 덮어둔 것으로 보인다.

낫 카드가 첫 장에 나온 것처럼 두 사람이 덮어둔 문제에 관해 이야기하고 극복 혹은 제거하려는 적극성이 필요하다.

e. f. 질문자 카드를 중심으로 세로, 가로열의 카드 읽기

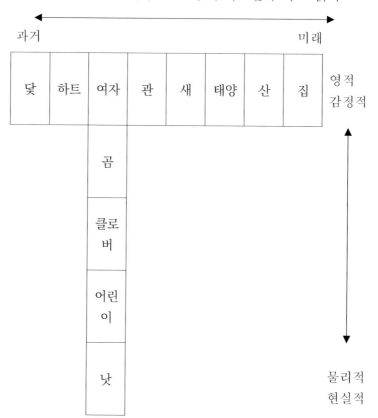

질문자의 카드(여자)를 중심으로 왼쪽은 과거, 오른쪽은 아직 일어나지 않은 미래이다. 질문자의 카드가 있는 세로줄은 현재를 나타내며 위로 갈수록 감정적, 영적이며 아래쪽으로 갈수록 현실에서 어떻게 실현될지 보여준다.

카드의 조합으로 현재와 미래를 자세히 해석해 보자.

1) 질문자(여자)의 과거 - 닻+하트 : 서로를 사랑하는 마음이 확고하다

2) 질문자의 미래 - 관 + 새 + 태양 + 산 + 집
 여자는 관계의 새로운 변환기(관 카드)를 위해 상대와 더 높은 비전(태양+산)에 대해 의논(새)한다. 더 높은 비전은 두 사람이 함께 하는 것(집), 결혼 혹은 같이 사는 것에 대한 이야기이며 관계는 변환기를 거쳐 안정기로 접어 들 것이다. 두 사람은 함께 살기로 하거나 결혼을 약속할 것이다.

3) 질문자의 현재 상황 - 곰 + 클로버 + 어린이 + 낫
 경제적으로 여유(곰+클로버)가 있고 현실적인 상황이 나쁘지 않으므로 새로운 시작을 위해 결단(어린이+낫)을 내릴 수 있는 시기다.

레노먼드 카드의 의미

_____

1번 라이더

키워드

기쁜 소식, 메시지, 스피드, 서프라이즈, 이동, 배달원, 차, 새로
운 사람, 젊은 사람, 방문객, 기회, 이동, 변화

　라이더 카드는 기본적으로 기쁜 소식을 나타내지만 뱀, 구름, 쥐
와 같은 부정적인 카드와 조합될 경우에는 부정적인 소식을 나타
내거나 부정적인 감정을 포함한 소식을 나타낼 수 있다.
라이더 카드는 1번이기 때문에 빠르게 일어날 어떤 변화의 전조를 나타낸다. 기간으로도 1번인 만큼 빠르게 다가올 일을 예고한다. 또, 라이더 카드는 기대하지 못하던 새로운 사람의 등장을 이야기하기도 한다. 본래 레노먼드 카드에는 남자, 여자의 카드가 한 장씩 포함되어 있다. 일반적인 카드 덱에서 남자, 여자의 카드는 주요 인물을 나타내고 이 카드는 예상하지 못했던 새로운 상대의 등장을 의미하기도 한다.

최근 카드 덱에는 남녀 카드가 여러 장 포함된 경우도 있다. 남녀 카드가 여러 장인 카드를 사용할 때는 인물 보다는 소식과 속력의 의미 쪽에 비중을 두고 해석하면 된다.

긍정의 조합

라이더 + 정원 : 모임에 초대받음, 파티 초대장

라이더 + 반지 : 계약에 관련된 소식

라이더 + 클로버 : 기대하지 못했던 행운

라이더 + 반지 + 남자 : 연인으로부터 결혼 등의 미래를 약속하는 메시지를 받음

라이더 + 물고기 + 관 : 유산을 상속받음

중립의 조합

라이더 + 낫 : 갑작스러운 소식

라이더 + 나무 : 건강에 관련된 소식

라이더 + 채찍 : 육체적 매력이 있는 젊은 남자

부정의 조합

라이더 + 뱀 : 잘못된 정보, 거짓 소식, 나쁜 소식

라이더 + 구름 : 불안한 소식, 혼란스럽게 만드는 메시지, 애매한 메시지

라이더 + 산 : 시간이 걸린다는 메시지, 인내를 요구하는 소식

2번 클로버

키워드
뜻밖의 행운, 기회, 작은 승리, 치료약, 부적, 보상, 희망, 성공, 행복, 낙관적, 작은 것

　클로버는 분명 긍정적인 카드이다. 우연히 발견한 네 잎 클로버처럼 우리를 기분 좋게 해 주는 행운임에는 틀림이 없지만, 그 크기가 크지 않기 때문에 깜짝 행운이나 보너스를 나타내기도 한다. 물론 닻이나 나무처럼 안정적이고 장기적인 의미를 가진 카드와 조합을 이룬다면 행운이 장기적으로 이어질 수 있다.
　클로버는 작은 것을 나타내므로 뱀이나 구름처럼 부정적인 카드와 조합을 이룬다고 하더라도 뱀이나 구름의 영향을 약화시킬 수 있다. 부정적인 상황이 금방 끝이 나거나 심리적 불안감에서 빠르게 벗어날 수 있다.

긍정의 조합

클로버 + 별 : 인기가 급상승

클로버 + 여우 : 커리어에 찬스가 도래함

클로버 + 집 : 가정에 좋은 일이 생김

클로버 + 어린이 : 초심자의 행운, 긍정적, 낙천적 마음가짐

클로버 + 닻 ; 장기적으로 지속되는 행운

클로버 + 나무 : 지속적인 행운과 작은 행운이 번영으로 이어짐

클로버 + 곰 : 꽤 큰 금액의 보너스

클로버 + 새 : 유쾌한 대화, SNS 상에서의 행운

부정의 조합

클로버 + 쥐 : 운이 좋을 때일수록 주의가 필요

클로버 + 뱀 : 기회주의자

클로버 + 낫 : 럭키라고 생각했던 것이 갑자기 끝이 남

(※낫 + 클로버 : 갑작스러운 행운)

클로버 + 관 : 연속된 행운의 끝

3번 배

키워드
꿈, 모험, 도전, 여행, 해외 출장, 프리랜서, 무역, 외국인, 외국,
인생의 여정, 긴 여행, 이동, 분리, 헤어짐, 멀리 감, 과도기, 휴가,
번영, 성장, 확장

 배는 이미지의 의미 그대로 여행이나 휴가, 해외로의 이동을 이야
기할 수 있다. 혹은 실질적인 여행이 아닌 인생에서의 새로운 여정
의 시작을 의미하기도 한다. 예를 들면 대학 입학이나 취업의 시점
에 나올 수 있는 카드다. 삶에서 새로운 것에 도전하는 타이밍에
등장하는 카드이며 모험이 시작될 것을 알리는 카드이기도 하다.
새로운 챕터를 시작할 수 있는 용기가 필요한 상황을 나타낸다.
 또 다른 면으로 보면 배 카드는 영적인 여정을 의미하기도 한다.
영적인 여정은 결과적으로는 성장으로 이어지겠지만 성장을 위한
변화는 누구에게나 두려움을 줄 수 있다.

긍정의 조합

배 + 달 : 내면을 살피는 영적인 여정의 시작, 해외에서 유명해짐

배 + 하트 : 멀리 떨어져 있는 연인에게 감. 멀리 떨어져 있는 연인이 옴

중립의 조합

배 + 나무 : 긴 여행, 성장을 위한 긴 여정

배 + 집 : 귀국, 귀향

배 + 정원 : 해외 여행지, 해외 모임

배 + 아이 : 새로운 목적지, 새로운 시작

부정의 조합

배 + 구름 : 새로운 여정에 대한 두려움, 길을 잃음

배 + 채찍 : 힘든 여정

배 + 낫 : 여행 취소, 해외 일정 취소

배 + 산 : 여행이나 해외 관련 계획이 지연됨

4번 집

키워드

가정, 집, 부동산, 재택근무, 추억, 안심할 수 있는 장소, 익숙한 곳, 고향, 기반, 정착, 안정, 상속

집 카드는 카드의 그림 그대로 당신이 거주하고 있는 집을 나타내기도 하고 가족에 관련된 이슈를 나타내기도 한다.

반드시 집이 아니라 하더라도 당신이 편안하고 안전하다고 느끼는 장소를 나타내기도 한다. 오랫동안 일 한 직장이라든지 익숙한 커뮤니티를 나타낼 수 있다.

마음의 안정을 줄 수 있는 기반을 의미하기도 하고 편안하고 안정감을 주는 관계를 의미하기도 한다. 그리고 집 카드는 바로 당신을 가리키기도 한다. 자기 사랑이 먼저이며 가장 소중한 것은 바로 당신이라는 메시지를 전한다.

긍정의 조합

집 + 반지 : 부동산 계약

집 + 강아지 : 마음이 잘 맞는 룸메이트, 따뜻한 분위기의 가정

집 + 부케 : 화목한 가정

중립의 조합

집 + 황새 : 이사

집 + 관 : 주택 판매

집 + 어린이 : 새 집

부정의 조합

집 + 채찍 : 가족 간의 트러블, 불화, 가정 폭력

집 + 뱀 : 집에 수리할 부분이 있을 수 있음, 가정에 드러나지 않은 잠재적 문제가 있음

집 + 쥐 : 가정의 재정적 손실의 문제, 가족 간의 감정적인 소모

집 + 새 : 간섭하는 룸메이트, 가족 간의 잔소리, 가족 간의 논쟁

5번 나무

5

키워드
건강, 생명, 치유, 생명, 치료, 시간이 걸리는 성장, 희생, 회복,
몸, 삶, 영성, 정신, 조상, 근원, 기원, 환경, 네트워크, SNS

 나무 카드는 단순하게는 육체적, 정신적 건강을 나타내며 조합하
는 카드가 긍정인가 부정인가에 따라 건강의 상태와 호전 가능성
을 말 할 수 있다.
 깊은 의미로 나무는 우리의 삶 그 자체를 나타내기도 한다. 나무
가 하루아침에 풍성해지기 힘든 것처럼 다양한 경험을 통해 성장
해 가는 우리의 인생을 나타낸다. 기간으로 보자면 장기적인 시간,
오래된 것을 나타낸다.
 나무의 뿌리처럼 무엇의 근원 혹은 우리의 조상을 의미하기 때문
에 가업을 잇는 것, 물려받은 재능 등과도 관련이 있다. 또 인터넷
상에서의 삶, 네트워크와 SNS를 나타내기도 한다.

긍정의 조합

나무 + 집 : 가족의 건강이슈, 가업을 이음

나무 + 집 +탑 : 전통적인 것을 계승, 가업을 이어서 번영

나무 + 별 : 건강의 회복, 인생의 중요한 목표를 설정함

나무 + 채찍 : 운동이나 훈련으로 체력단련, 탄탄하고 매력적으로 몸을 단련

나무 + 곰 : 건강해짐

나무 + 물고기 : 웰빙, 건강한 라이프 스타일

나무 + 산 : 건강을 위한 치유 여행

중립의 조합

나무 + 탑 : 병원 건물

나무 + 새 : 진료, 심리 치료

부정의 조합

나무 + 쥐 : 체력적, 정신적 손실

나무 + 뱀 : 건강에 좋지 못한 생활습관에 빠져 있음

나무 + 낫 : 수술

나무 + 관 : 위중한 병

6번 구름

키워드
혼란, 애매함, 막연함, 불안, 걱정, 망설임, 트라우마, 방해, 정체,
오해, 왜곡, 모호함, 숨김

구름은 혼란스럽거나 모호한 것을 나타낸다. 불확실성에서 오는
불안과 걱정을 의미하기도 한다. 밝은 미래를 나타내는 별 카드,
태양 카드와 조합을 이루면 별과 태양의 긍정성을 흐릿하게 만들
기 때문에 미래에 대한 막연한 두려움을 나타낸다.
선택과 결정을 내려야 하는 상황(길 카드)에서 구름 카드가 나오
면 망설이고 선택하지 못하는 우유부단함을 이야기한다.
카드에 따라서는 밝은 구름과 먹구름이 함께 그려져 있는 경우가
있다. 만약, 밝은 구름 쪽에 긍정적인 카드가 조합되면 현실적, 심
리적 상황이 좋아지는 것을 나타낸다.

긍정의 조합

구름 + 태양 : 혼돈에서 벗어남.

(※태양 + 구름 : 긍정적이었던 상황이 불안정해짐, 긍정적 사고에
서 부정적 비관적 사고로 바뀜)

구름 + 별 : 문제가 해결될 희망이 보임.

(※별 + 구름 : 미래에 대한 막연한 불안감, 미래에 대한 계획이
불확실함)

구름 + 닻 : 불안한 상황 속에서 포기하지 않고 목표에 도달.

구름 + 관 : 명확해 짐

부정의 조합

구름 + 산 + 태양 : 지나치게 높은 목표 때문에 생기는 불안과 정
체

구름 + 배 : 위험한 여행, 여행 중 궂은 날씨

구름 + 집 : 가정 내 우환

구름 + 곰 : 공적인 문제

구름 + 길 : 우유부단

구름 + 뱀 : 심각한 문제를 내제하고 있음

7

키워드

배신, 거짓말, 질투, 위선, 기만, 날카로움, 유혹, 라이벌, 경쟁자, 독, 악의, 다른 여자

뱀 카드가 나왔을 때는 인간관계의 주의가 필요하다. 주위에 당신을 질투하거나 기만하는 사람이 존재할 수 있다. 당신 파트너의 카드에 뱀 카드가 근접해 있다면 당신의 파트너를 유혹하는 다른 여성을 의미할 수 있다. 뱀이 의미하는 사람은 당신이 가진 것을 빼앗고 당신의 삶의 트러블을 일으키는 존재다.

혹은 뱀은 당신의 내면에 존재하고 있는 독을 의미하기도 한다. 그것은 새로운 변화를 가로막는 두려움일 수도 있고 당신이 사로잡혀 있는 집착일 수도 있다. 관계나 커리어에서 뱀 카드는 겉으로 드러나지 않은 강력한 문제점을 나타내기 때문에 뱀 카드가 나올 때는 문제를 덮어두기보다는 직시하는 것이 중요하다.

뱀은 대체로 부정적으로 해석하는 카드이기는 하지만 재생과 탈
피라는 긍정의 의미로 해석될 때도 있다. 외형적 특징만을 나타낼
때는 세련된 스타일, 유혹적 매력으로도 해석할 수 있다.

긍정의 해석
뱀 + 황새 : 탈피, 재탄생
뱀 + 관 : 분쟁과 싸움의 끝
뱀 + 낫 : 부정적인 사고나 상황에서 벗어남, 회복
뱀 + 태양 : 부정적인 상황이 해결됨

부정의 해석
뱀 + 별 : 당신의 능력이나 성공을 질투하는 사람
뱀 + 부케 : 부정적인 의도로 감추고 있는 선물
뱀 + 달 : 감정적인 중독
뱀 + 새 : 악의적으로 퍼트린 소문
뱀 + 쥐 : 당신을 힘들게 하는 에너지 뱀파이어 같은 사람
뱀 + 여우 : 업무적인 트러블
뱀 + 곰 : 힘겨루기

8

키워드

죽음, 끝, 파괴, 슬픔, 상속, 종식, 변혁, 끝과 새로운 시작, 재생, 중단, 고립으로 인한 우울, 해뜨기 직전

 관 카드는 죽음과 끝을 나타내지만, 육체적인 죽음을 나타내는 경우는 거의 없다. 상황이나 관계가 끝을 맞이하는 카드이고 새로운 시작이 다가올 것을 예고하는 카드이다.

 어떤 경우라도 무엇인가를 종결해야 하는 상황은 두려울 수도 있고 아쉬움과 허망함을 느낄 수 있다. 삶은 멈춰있는 것이 아니고 항상 변화하고 움직이는 것이므로 어떻게 보면 누구나 불가피하게 받아들여야 하는 것을 나타내는 카드이기도 하다.

 주변에 접속하는 카드에 따라 내가 지금 미련을 버리고 끝을 맞이해야 하는 것이 무엇인지, 그리고 어떤 시작을 준비해야 하는지 조언으로 받아들이는 것이 좋다.

긍정의 해석

관 + 클로버 : 우울에서 벗어남

관 + 십자가 : 운명적으로 받아들여야 하는 결말, 대변혁

관 + 태양 : 터널 끝에서 빛을 발견함

관 + 별 : 전화위복, 어려움 끝에 희망을 발견함

중립의 해석

관 + 낫 : 갑작스럽게 맞이한 끝

관 + 여우 : 반전 있는 결말

부정의 해석

관 + 반지 : 계약이 종료

관 + 하트 : 이별

관 + 개 : 친구나 동료와의 이별, 멀어짐

관 + 구름 : 고립되어 우울함에 깊숙이 빠짐, 은둔형 외톨이

9번 부케

키워드

축복, 감동, 감사, 행운, 기쁨, 선물, 초대, 아름다움, 뷰티 관련 업종, 우정, 사랑, 힐링, 매력, 소원성취, 보상

부케 카드는 당신 삶의 선물처럼 기쁜 일이 다가오고 있음을 예고하고 있다. 선물을 받았을 때의 기분과 분위기를 떠올려보자. 이 카드는 선물을 받았을 때 느낄 수 있는 기쁨, 즐거움, 감사, 감동 등과 같은 긍정적인 감정으로 충만해질 것을 이야기한다.

예상치 못했던 선물을 받을 수도 있고 기대보다 긍정적인 보상이나 평가, 감사 인사 등을 받을 수 있다. 또, 부케는 매력 상승과 뷰티를 나타내는 카드이기 때문에 당신의 외모가 아름다워지는 것을 나타낸다. 직업적으로는 뷰티 관련 사업을 이야기할 수 있다.

긍정의 해석

부케 + 라이더 : 서프라이즈, 기대하지 못했던 선물이나 이벤트

부케 + 책 : 노력이 보상을 받음

부케 + 새 : 좋은 평판, 사람들에게 호감을 삼

부케 + 여우 : 직장 내에서 혹은 사업상의 보상

부케 + 별 : 꿈과 희망

부케 + 황새 : 외모가 아름답게 변화

부정의 해석

부케 + 낫 : 보상이 취소됨 (※결과가 좋은 수술)

부케 + 채찍 : 외모에 대한 비판

부케 + 뱀 : 당신의 타고난 재능, 혹은 외모를 질투하는 사람

부케 + 관 : 지금의 행복이 사라질 것만 같은 슬픈 예감, 두려움

10번 낫

키워드
분리, 중단, 이별, 예상 못한 위험 요소, 사고, 결정, 결단이 필요, 수확, 수술

낫 카드는 예상하지 못한 끝이나 단절을 의미하기 때문에 조금은 두려운 카드일 수 있다. 하지만 반드시 부정적인 의미로만 해석하는 카드는 아니다. 예상치 못한 끝이 후에 더 좋은 결과를 가져올 수도 있기 때문이다.

또, 이 카드는 지금은 미루거나 천천히 생각할 때가 아니라 빠르게 결정을 내려야 할 때라고 말하는 카드다. 낫은 수확을 의미하기도 하는데 수확의 때를 놓치면 오히려 수확물이 줄어들 수 있기 때문에 적절한 때를 놓치지 말아야 한다는 메시지를 전한다.

단순하게는 칼을 의미하기 때문에 수술을 앞두고 있을 때 나올 수 있고 직업으로는 칼을 쓰는 직업을 의미할 수도 있다.

긍정의 해석

낫 + 십자가 : 감정적으로 해방될 수 있는 돌파구, 힘든 카르마를
끝냄.

낫 + 황새 : 변신, 부활

낫 + 어린이 : 과거를 내려놓고 새 출발을 준비

낫 + 클로버 : 갑작스러운 행운

부정의 해석

낫 + 곰 : 폭력

낫 + 배 : 계획에 차질이 생김, 갑작스러운 변화

낫 + 집 : 가족 간의 유대가 끊김

낫 + 여우 : 해고, 커리어적인 기회를 놓침

11번 채찍

키워드
트러블, 불화, 자기개발, 단련, 훈련, 반복, 스트레스, 논쟁, 신체
활동, 스킨십, 열정, 반복

채찍은 트러블이나 갈등을 나타내기 때문에 인간관계에서 언쟁이
나 다툼이 발생할 수 있다.
다른 의미로는 우리가 스스로 채찍질한다고 말하는 것처럼 노력
을 의미하기도 하고 그로 인한 스트레스를 나타내기도 한다. 자기
계발을 하거나 공부, 운동, 단련 등 힘들지만 성장을 위해 반복적
으로 하는 행위를 나타낸다. 혹은 반복 그 자체를 나타내기도 한
다.
채찍은 때로 스킨십과 성관계를 의미한다.

긍정의 해석

채찍 + 태양 : 당장의 갈등이나 토론이 후에 상당히 긍정적인 결과를 가져옴

채찍 + 물고기 : 노력이 물질적으로 크게 보상 받음

채찍 + 황새 : 더 나은 상황으로 이동

중립의 해석

채찍 + 백합 : 에로티즘

채찍 + 길 : 노력하여 일을 추진함. 결정을 내려야 한다는 부담감

채찍 + 새 : 뜨거운 논쟁

부정의 해석

채찍 + 하트 : 중독, 의존적 관계

채찍 + 곰 : 강한 규율, 강압적 태도, 억압

12번 새

키워드
커뮤니케이션, 대화, 수다, 정보, 인터넷, 소셜 미디어, 노래, 음악,
소문, 가십, 사교, 즐거움, 호기심, 짧은 여행, 모임, 교류, 커플,
사람들의 의견, 오픈 마인드

  새 카드는 대화, 소문, 정보를 이야기하고 이 카드만으로 그것이
긍정적, 부정적이라고 말할 수 없다. 접속하는 카드에 따라 긍정적
인 소문이나 정보일 수도 있고 부정적일 수도 있다.
  새 카드가 커뮤니티 자체를 이야기할 수 있고 모임의 사람들과
교류하는 것을 나타낼 수 있다. 또 새 카드는 커플, 연인관계를 의
미하기도 한다.

긍정의 해석

새 + 나무 : 건강에 대한 정보

새 + 길 : 교통 정보, 진로에 대한 정보

새 + 부케 : 칭찬, 인정, 긍정적인 소문

새 + 클로버 : 교류를 통해 행운을 얻음

새 + 하트 : 진심을 담은 대화, 진솔한 대화

새 + 개 : 친근한 대화

부정의 해석

새 + 여우 : 이기적인 목적을 가진 교류, 대화

새 + 쥐 : 부정적 가십

새 + 뱀 : 거짓 소문

새 + 채찍 : 반복적 언쟁

새 + 쥐 + 나무 : 전염병

새 + 산 : 대화 단절, 소통이 어려움

13번 어린이

13

키워드

새로운 일, 시작, 입학, 신입사원, 초심자, 어린 시절, 천진난만, 순
수, 젊음, 학생, 어린이, 어린이와 관련된 일

 어린이 카드는 실제 어린이나 어린이와 관련된 일을 나타내기도
하지만 대부분의 상황에서 시작이라는 의미로의 해석이 가장 적절
하다. 우리가 무엇인가를 시작할 때 용기를 내지 못하는 것은 아이
와 같은 단순함이 없기 때문일 때가 많다. 이 카드가 나온 상황이
라면 여러 가지 조건을 재고 따지기보다는 아이와 같은 호기심과
순수함을 가지고 도전할 필요가 있다.
 아이 카드는 초심을 이야기하기도 한다. 접속하는 카드에 따라 현
재 초심으로 돌아가는 것이 돌파구가 될 수 있고 아직은 초보자이
기 때문에 스킬을 익힐 필요가 있다는 것을 의미하기도 한다.

긍정의 해석

어린이 + 배 : 새로운 도전, 모험의 시작

어린이 + 새 : 죽마고우와의 즐거운 대화

어린이 + 별 : 인생의 새로운 목표

어린이 + 별 + 책 : 인생의 새로운 목표를 이루기 위해 공부를 시작

어린이 + 열쇠 : 완전히 새로운 접근 방식을 취하면 해결책을 찾을 수 있음

어린이 + 황새 : 임신

중립의 해석

어린이 + 탑 : 학습기관

부정의 해석

어린이 + 구름 : 새로운 시작에 대한 두려움

어린이 + 십자가 : 내면아이 문제, 어린 시절의 상처

어린이 + 산 : 극복해야하는 새로운 과제

14. 여우

키워드

지성, 교활함, 위선, 이기심, 사기꾼, 사기, 거짓말쟁이, 라이벌, 연구자, 똑똑한 사람, 말을 잘하는 사람, 직업, 기술, 커리어, 중소기업, 함정, 배반, 숨은 의도,

여우 카드는 중립적으로는 당신의 일, 커리어 그 자체와 중견 정도 규모의 회사를 의미한다.

부정적인 의미로는 출세를 위해 수단을 가리지 않는 교활한 경쟁자를 나타낸다. 혹은 여우가 당신의 현재 상황을 나타낸다면 손해를 보지 않기 위해 너무 머리를 쓴 나머지 본질적인 부분을 놓치고 있다는 뜻이다. 예를 들면 성공에 눈이 멀어 건강이나 주변 사람들을 미처 신경 쓰지 못하는 등이다.

또, 뒤에 접속하는 카드가 태양이나 클로버처럼 긍정적인 카드라면 좋은 아이디어로 성공과 행운을 손에 쥐게 된다.

긍정의 해석

여우 + 물고기 : 능력을 살려 큰 부를 이룸

여우 + 배 : 해외 일자리, 먼 곳의 일자리 기회

여우 + 닻 : 커리어 면에서 장기적인 안정성을 확보

여우 + 하트 : 사랑받는 직업

중립의 해석

여우 + 곰 : 상사, 보스

여우 + 탑 : 공무원, 공공기관

여우 + 책 : 밝혀내야 할 비밀

여우 + 길 : 진로, 직업에 대한 결정, 선택

여우 + 황새 : 직업의 변화

부정의 해석

여우 + 쥐 : 당신을 속이려는 사람, 실직

여우 + 개 : 친구인 척 접근 하지만 나쁜 의도를 숨기고 있음

여우 + 반지 : 불공정한 고용계약

15. 곰

15

키워드

지배자, 권력자, 힘, 활력, 에너지, 모성, 부모, 상사, 윗사람, 지위가 높은 사람, 압도, 몸집이 큰 사람, 큰 회사, 풍부한 경력, 소유, 정부, 고압적 인물, 저축

곰 카드는 강력한 힘을 나타내는 카드다. 이 힘을 부정적으로 보면 고압적인 인물, 지배하고 컨트롤하려는 인물로 볼 수 있다.

긍정적으로 보면 도움을 주는 든든한 지원자. 고위층의 인물, 지위가 높은 인물을 나타낼 수 있다. 여우가 중견 기업이나 경력을 나타낸다면 곰은 큰 기업이나 이미 충분히 이루어낸 업적을 나타낼 수 있다. 스케일 여우보다 훨씬 크다고 볼 수 있다.

곰은 에너지가 강한 카드다. 상황을 타파하려는 강력한 의지, 용기, 힘, 에너지를 나타낼 수 있다. 곰은 모성애를 나타내기 때문에 어머니, 혹은 당신을 도와주려는 지지자, 지원자, 후견인을 나타낼 수도 있다.

긍정의 해석

곰 + 별 : 축복과 보호

곰 + 하트 : 모성애

곰 + 집 + 나무 : 가정의 번영

곰 + 클로버 : 투자의 행운

곰 + 개 : 신뢰할 수 있는 멘토, 무조건적인 사랑 혹은 지원

중립의 해석

곰 + 탑 : 기관이나 회사의 고위직

곰 + 집 : 가장

부정의 해석

곰 + 구름 : 불안정한 투자, 재정적 불안

곰 + 채찍 : 상사와의 트러블, 윗사람의 고압적인 태도의 문제

곰 + 쥐 : 보안의 문제

16번 별

키워드

목표, 희망, 지도, 동경, 주목, 인기, 도달점, 우주, 점성술, 아이디어, 재능, 비전, 영감

옛날 사람들은 별을 보면서 길을 찾았다. 별 카드는 당신을 인도할 지도와도 같다. 당신의 목표, 꿈, 희망, 그리고 소원을 이룰 방법이 명확해지는 것을 말한다.

별 카드도 달 카드처럼 높은 인기와 명예를 나타낸다. 대중의 인기와 사랑을 받아야 하는 직업을 가지고 있는 사람이라면 인기가 놓아질 수 있는 카드다.

레노먼드의 별 카드는 타로의 별 카드보다 좀 더 명확하고 또렷하다는 의미를 가지고 있다. 그 때문에 중요한 영감을 얻고 구체적으로 계획을 세울 수 있다고 말하고 있다.

긍정의 해석

별 + 부케 : 사람들로부터 동경을 받음

별 + 길 : 밝은 미래, 미래를 위한 선택의 기로에 놓임

별 + 여우 : 업무적 목표가 생김

별 + 물고기 : 번영과 풍요를 누림

별 + 하트 : 심장이 뛰는 일을 발견, 인기가 높아짐

중립의 해석

별 + 채찍 : 미래를 위한 노력

별 + 정원 : 공동의 가치

부정의 해석

별 + 구름 : 희망을 잃음, 미래에 대한 두려움

별 + 길 + 산 : 꿈을 이루는 데에는 시간이 걸림

별 + 관 : 이루어질 수 없는 꿈

별 + 쥐 : 희망을 잃음

17. 황새

키워드

이동, 변화, 변혁, 이사, 탄생, 출산, 무엇인가를 창조해 내는 것, 개혁, 새로운 챕터로 이동, 새로운 가족, 이민, 비행기를 이용한 이동

황새 카드는 물리적인 이동을 의미하기도 하지만 실질적인 이동이 아닌 큰 변화와 새로운 챕터로 이동할 것을 이야기할 수 있다.
황새가 아기를 물어다 준다는 이야기처럼 황새 카드는 새로운 생명의 잉태와 출산을 나타낸다.
또, 새로운 생명이 탄생하는 것처럼 일정 기간 준비하던 일이나 작품, 프로젝트가 드디어 세상에 모습을 드러내는 것을 나타내기도 한다.

긍정의 해석

황새 + 뱀 : 탈피, 변혁

황새 + 하트 : 관계의 긍정적인 변화

황새 + 어린이 : 임신, 출산, 창작

중립의 해석

황새 + 배 : 먼 거리의 이동, 삶의 큰 영향을 끼치는 변화

황새 + 반지 : 삶의 변화를 예고하는 계약이나 약속

황새 + 길 : 선택의 기로

부정의 해석

황새 + 구름 : 오랜 시간 정체되어 변화가 없음

황새 + 채찍 : 변화를 위해 고통이나 노력이 필요

황새 + 산 : 더딘 진행

18

키워드

우정, 친구, 신뢰, 신용, 충성, 연하의 남자, 반려동물, 격려, 지원

개 카드는 신뢰할 수 있는 사람을 나타냅니다. 주변 카드에 따라 믿음을 바탕으로 한 연인관계를 의미하기도 합니다. 믿을 수 있는 친구, 좋은 동료, 당신을 응원하는 사람입니다. 개 카드는 서로를 믿고 존중하는 이상적인 관계를 나타냅니다.

기본적으로 당신과 어깨를 나란히 하는 동등한 위치의 사람을 나타내지만 곰 카드와 함께 조합하면 주종관계, 상하관계를 나타내기도 합니다.

긍정의 해석

개 + 라이더 : 친한 친구나 동료의 방문

개 + 배 : 친구와의 여행

개 + 정원 : 친한 사람들과의 파티나 모임, 긍정적인 커뮤니티

개 + 남자 : 다정한 남자

중립의 해석

개 + 길 : 관계성에 변화가 생김

부정의 해석

개 + 낫 : 신뢰가 깨어짐

개 + 탑 : 주위에 친구가 없는 외로움

개 + 곰 : 상하관계

개 + 채찍 : 굴복시키고 싶은 마음

개 + 여우 : 서로 경쟁하면서 성장하는 라이벌 관계

개 + 쥐 : 스트레스 받는 관계

19. 탑

키워드

표준, 윤리적 기준, 전통, 공공기관, 권한, 관점, 제도, 구조, 제도화된 관점, 객관성, 국가, 법률, 행정, 건물, 직장, 고립, 분리

탑 카드는 분리와 고립을 의미하기 때문에 외로운 상황을 표현할수 있다. 연인 관계에서 탑 카드가 나오면 물리적으로 분리되어 있는 상황을 나타낼 수 있다.

탑 카드는 전통적인 것, 사회의 윤리적 기준이 되는 것을 의미하기도 하고 공공의 건물, 예를 들면 관공서, 큰 회사 등을 나타내기도 한다. 또, 법률적, 행정적으로 일을 처리해야 하는 상황도 나타낸다.

혹은 현 상황에서 좀 분리되어 객관적인 시각을 가질 것을 조언하기도 한다. 탑 카드는 때로 지금은 객관성을 유지하고 더 큰 그림을 그려야 할 때라고 말하고 있다.

긍정의 해석

탑 + 나무 : 직장 내에서의 성장

탑 + 라이더 : 고독한 시간의 끝

중립의 해석

탑 + 배 : 대사관, 해외관련 기업, 혼자 가는 여행

탑 + 어린이 : 학교, 학원

탑 + 책 : 고등교육

탑 + 나무 : 병원

탑 + 반지 : 법적 구속력, 혼인신고

부정의 해석

탑 + 하트 : 외로움

탑 + 관 : 자기 방어, 스스로 고립을 선택

탑 + 정원 : 군중 속 외로움

20. 정원

20

키워드
사람들이 모이는 곳, 유원지, 공원, 커뮤니티, 동호회, 교류, 사교,
네트워크, 소셜 미디어

 정원 카드는 삶의 개방, 즉 사람들과 교류하고 교제하는 것을 이
야기 한다. 기본적으로 사람들과의 즐거운 모임을 의미한다. 크고
작은 이벤트와 파티, 온라인 오프라인의 모임, 동호회, 즐거운 친
구 모임, 로맨틱한 데이트 등을 말한다. 또 다른 의미로는 업무적
인 만남, 즉 면접, 미팅 등을 나타낼 수도 있다. 정원 카드가 의미
하는 사람들과의 모임을 통해 일상에 활력을 얻을 수 있다.

긍정의 해석

정원 + 부케 : 즐거운 이벤트

정원 + 편지 : 모임의 초대, 이벤트 초대장

정원 + 여우 : 업무적인 기회를 얻을 수 있는 모임

정원 + 반지 : 결혼식, 약혼식

부정의 해석

정원 + 낫 : 즐거웠던 모임에서 나옴

정원 + 뱀 : 반갑지 않은 손님

정원 + 채찍 : 공공의 장소에서 언쟁이 일어남, 토론

정원 + 관 : 기대하던 데이트나 이벤트가 취소됨.

정원 + 산 : 모임이 지연되거나 취소됨.

21. 산

21

키워드

시련, 장애, 과제, 벽, 높은 목표, 지연, 한계

산의 정상을 정복하는 것은 상당한 노력과 시간이 필요하다. 산 카드는 이처럼 시간과 노력 후에 얻을 수 있는 결과에 관해서 이야기한다. 그 때문에 산 카드는 지연이나 장애로 해석되는 경우가 많다. 관계에서 산 카드가 나올 때는 장애물이 발생하여 발전이 더디어질 수 있다. 이 과정이 시련이나 장애로 느껴질 수 있겠지만 등반이라는 과제를 거쳐야만 정상에 오르는 환희를 맛볼 수 있으며 오르는 과정 안에서 성장할 수 있다.

산은 높은 이상을 나타내기 때문에 시간과 노력이 걸리는 목표이지만 그 만큼 가치 있는 목표에 해당한다.

긍정의 해석

산 + 태양 : 상당히 높은 목표를 결국 이루어냄

산 + 나무 : 오랜 시간을 들여 만들어 낸 것

산 + 나무 + 클로버 : 풍요롭고 윤택한 삶

산 + 관 : 고난의 끝

산 + 낫 : 장애요소가 갑자기 사라짐

산 + 황새 : 힘든 곳을 벗어남

산 + 길 : 장애물을 벗어남

중립의 해석

산 + 반지 : 의무감, 책임감

부정의 해석

산 + 구름 ; 지금 추진하기에는 위험하기 때문에 기다려야 함

산 + 나무 + 구름 : 슬럼프

산 + 곰 : 극복해야 하는 재정적인 어려움

산 + 채찍 : 부딪혀서 해결이 필요한 문제

산 + 십자가 : 오랫동안 감정적인 늪에서 벗어나지 못함

22. 길

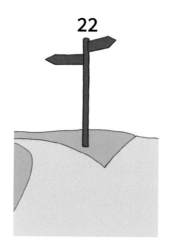

키워드
선택, 터닝 포인트, 분기점, 결정, 2개 이상의 옵션, 여행, 계획, 아이디어, 방향, 경로

길 카드는 지금은 현명한 결정을 해야 할 때라는 것을 말하고 있다. 2개 이상의 옵션이 등장하기 때문에 쉽게 선택을 내리지 못하고 망설이는 상황을 나타내기도 한다.

또, 지금까지와는 다른 새로운 길이 열리는 것을 의미하기도 한다. 새로운 길이나 방향 앞에서 결정을 내리는 것은 누구에게나 두려운 일이다. 이 카드가 나올 때는 인생의 분기점이 되는 지혜로운 선택이 필요한 시점이다.

긍정의 해석

길 + 라이더 : 스스로 결정을 당당히 밀어붙임

길 + 열쇠 : 현재 고민 하고 있는 문제의 해결책을 찾음

길 + 클로버 : 행운으로 이어지는 선택

길 + 어린이 : 지금까지와 다른 새로운 방향성을 선택

길 + 하트 : 자신이 진정 원하는 결정을 내림

부정의 해석

길 + 구름 : 결정 내리기 어려움. 선택하지 못하는 혼란

길 + 낫 : 고통스러운 결정을 내림.

길 + 십자가 : 선택을 후회함

길 + 라이더 + 여우 : 잘못된 정보에 의한 선택 때문에 스트
레스를 받음.

23. 쥐

23

키워드
손실, 병, 바이러스, 전염병, 분실, 나쁜 소문, 불결, 도난, 문제,
실수, 상실, 걱정, 불안, 짜증

 쥐 카드는 치명적인 피해는 아니지만 귀찮고 짜증나는 일이 일어
날 수 있음을 말하고 있다. 경제적으로 작은 손실이 있을 수도 있
고 지갑 등을 분실하여 뒤처리가 귀찮고 짜증 날 수도 있다. 사업
을 하는 사람에게 이 카드가 나왔다면 생산성이 떨어지는 이유를
찾아야 할지도 모른다. 어딘가에서 손실이 발생하고 있기 때문이
다.
 혹은 당신에게 스트레스를 주고 에너지를 뺏어가는 짜증나는 상
대를 이야기 하는 것일 수도 있다. 작은 쥐는 당신에게 큰 피해를
주지는 못하더라도 알게 모르게 에너지를 뺏어가는 존재다.
 또한 질병이나 전염병에 대해서 이야기하기 때문에 건강을 의미하는 나무 카드와 함께 조합 할 때는 병에 관련한 주의가 필요하다.

긍정의 해석

쥐 + 낫 : 스트레스를 주는 상황의 해결

쥐 + 황새 : 불안을 주는 상황에서 벗어남

쥐 + 관 : 부정 순환의 고리를 끊음

쥐 + 태양 : 손실이 복구됨

부정의 해석

쥐 + 나무 : 건강을 해침, 전염병

쥐 + 곰 : 재정적인 손실

쥐 + 달 : 우울증

쥐 + 산 : 해결해야할 작은 문제들이 쌓여있음.

24

키워드
사랑, 열정, 로맨스, 두근거림, 열중, 감정, 심장, 소중한 것

하트 카드는 순수하고 진실한 사랑에 대해서 말한다. 하트 카드는 로맨스의 시작이나 심장이 두근거릴 정도로 설레는 일의 시작을 나타낸다. 이미 연애 중에 이 카드가 나왔다면 두 사람은 여전히 열정적으로 서로를 사랑하고 있다.

이 진실한 사랑의 대상은 당신 자신일 수도 있다. 스스로 진실해지는 것, 정말 좋아하는 일을 발견하는 것, 자신을 믿어 주는 것을 나타낸다.

긍정의 해석

하트 + 개 : 소울메이트

하트 + 배 : 신혼여행, 로맨틱한 여행

하트 + 백합 : 머리가 아닌 마음의 소리에 따라 행동함

하트 + 십자가 : 운명적인 사랑, 박애

하트 + 십자가 + 달 : 카운슬러, 힐러

하트 + 닻 : 안정적이고 장기적인 관계

하트 + 열쇠 : 마음의 문을 엶

부정의 해석

하트 + 산 : 시련이 많은 사랑

하트 + 뱀 : 불륜, 배신

하트 + 길 : 두 명 중 선택

25. 반지

25

키워드

계약, 약속, 합의, 맹세, 파트너십, 보상, 제안, 기쁨, 영원, 결혼, 화해, 행운

반지 카드는 믿을 수 있는 약속을 의미하는 카드다. 연애에서 반지 카드가 나오면 결혼이 임박했다는 것을 말하거나 신뢰할 수 있는 사랑의 맹세를 나타낸다. 일로 보면 계약하거나 거래가 성립하는 것을 의미할 수 있다.

연애에서는 두 사람의 행복을 위한 약속, 일에서는 공동의 성공을 위한 합의를 나타낸다고 생각하면 된다.

긍정의 해석

반지 + 클로버 : 행복한 약속, 좋은 계약

반지 + 클로버 + 하트 : 행복한 결혼

반지 + 클로버 + 닻 : 좋은 조건의 고용계약을 체결

반지 + 부케 : 긍정적인 제안, 프러포즈

반지 + 곰 : 수익성 높은 비즈니스 계약

반지 + 개 : 믿을 수 있는 친구, 믿을 수 있는 거래

반지 + 닻 : 안정적이며 장기적인 관계 혹은 계약

반지 + 태양 : 성공적인 파트너십

중립의 해석

반지 + 남자 : 유부남

반지 + 여자 : 유부녀

반지 + 백합 : 오래된 관계

부정의 해석

반지 + 관 : 계약의 끝

반지 + 산 : 이 계약, 혹은 관계에는 극복해야 하는 장애물이 있음

반지 + 십자가 : 고통스러운 것에 얽매여 있음

26. 책

키워드

비밀, 지식, 학문, 학습, 자격증, 지적호기심, 미스터리, 알려지지 않은 것, 프로젝트, 독서, 교훈, 분석

 책 카드는 기본적으로는 비밀, 알려지지 않은 것을 나타낸다. 레노먼드 카드에 따라 열린 책의 그림이 그려져 있는 경우도 있고 닫힌 책의 그림이 그려져 있는 경우도 있다. 주로 열린 책은 드러나는 비밀을 나타내고 닫힌 책은 숨겨진 비밀을 나타낸다.
 또, 책은 책이 주는 의미 그대로 지식, 학습, 노력을 나타내기 때문에 책 뒤에 긍정적인 카드가 온다면 지식이나 노력을 통해 좋은 보상을 얻을 것을 이야기한다.
 인물 카드와 함께 조합하면 비밀을 가진 사람이나 지적인 사람, 지혜로운 사람을 나타낸다.

긍정의 해석

책 + 태양 : 비밀이나 가려져 있던 것이 만천하에 드러남, 학업에서 큰 성취를 거둠.

책 + 물고기 : 지금의 공부가 큰 풍요로 연결이 됨.

중립의 해석

책 + 배 : 해외유학

책 + 정원 : 스터디

책 + 산 : 높은 학위나 어려운 자격 취득을 위한 공부

책 + 남자 : 사려 깊은 남자, 비밀스러운 남자

책 + 여자 : 사려 깊은 여자, 비밀스러운 여자

책 + 백합 : 전문 지식, 지혜

부정의 해석

책 + 뱀 : 위험한 비밀

책 + 태양 + 쥐 : 지금까지 감추어져 있던 추악한 비밀이 밝혀짐.

책 + 십자가 : 마음 속 깊이 숨겨둔 비밀

27

키워드

소식, 메일, 우편물, 문서, 개인정보, 청구서, 안내장, 문자, 카카오톡, 수상, 커뮤니케이션, 계약, 교환, 인증서, 정보

편지 카드는 문자, 소셜미디어, 채팅, 대화 등 모든 종류의 소통을 의미한다. 소통 이외에도 계약서와 같은 중요한 문서를 의미하기도 한다. 편지 카드가 나왔다면 얼마 안 있어서 문서나 서류를 통해 처리해야 할 일이 생길 수 있다.

공공을 의미하는 탑 카드와 함께 조합 한다면 고지서와 같은 정부로 부터의 문서, 법적인 문서를 나타낼 수 있다.

긍정의 해석

편지 + 달 : 감성적인 내용의 메시지, 문예 창작

편지 + 하트 : 로맨틱한 메시지

편지 + 하트 + 부케 : 감사장, 보상

편지 + 책 : 합격 통지서

편지 + 닻 : 소식을 통해 안심하게 됨

중립의 해석

편지 + 탑 : 법원, 정부로부터의 서신

편지 + 물고기 : 재정, 재무에 관한 서신

부정의 해석

편지 + 쥐 : 청구서, 걱정스러운 소식

편지 + 탑 : 법원, 정부로부터의 서신

편지 + 산 : 카카오 톡과 메시지의 차단, 소통이 어려움

편지 + 하트 + 낫 : 이별 소식

편지 + 십자가 : 고통스러운 소식

28. 남자

28

남성인 주요 인물, 애인, 남자 친구, 파트너, 논리, 분석, 이성적, 전문성

29. 여자

29

여성인 주요 인물, 애인, 여자 친구, 파트너, 공감, 내면, 잠재의식

어떤 인물인가? 카드 조합으로 캐릭터 파악하기!

인물카드(여자 카드, 남자 카드)와 다른 카드의 조합

인물카드 + 기사 : 엘리트, 카리스마
인물카드 + 클로버 : 밝고 사랑스러운 사람, 긍정적인 사람
인물카드 + 배 : 활발하고 호기심 많은 사람, 이동이 많은 직업
인물카드 + 집 : 가정적인 사람
인물카드 + 나무 : 근면, 성실, 치유를 주는 사람 혹은 그런 직업
인물카드 + 구름 : 정서적으로 불안정한 사람
인물카드 + 뱀 : 질투심과 독점욕이 강한 사람
인물카드 + 관 : 스스로 고립된 생활을 함, 가업을 이음.
인물카드 + 부케 : 화려한 미남 미인, 뷰티 업종에 종사
인물카드 + 낫 : 이성적, 합리적 성격, 냉철함
인물카드 + 채찍 : 심술이 심함, 공격적 성격
인물카드 + 새 : 수다쟁이, 정보통, 사교적
인물카드 + 아이 : 귀엽고 순수함
인물카드 + 여우 : 연구직, 전문직, 똑똑한 사람, 교활한 사람
인물카드 + 곰 : 포용과 모성애, 고집이 셈
인물카드 + 별 : 인기인, 패션센스가 좋음
인물카드 + 황새 : 임신 중, 이동이 많은 직업
인물카드 + 개 : 다정다감, 신뢰할 수 있는 사람
인물카드 + 탑 : 보수적, 철벽, 전통적 가치를 중시
인물카드 + 정원 : 사교적, 인맥이 넓음
인물카드 + 산 : 목표를 향한 확고한 신념
인물카드 + 길 : 사리 분별, 정확한 비전
인물카드 + 쥐 : 병약함, 당신의 에너지를 뺏는 사람
인물카드 + 하트 : 사랑에 열정적, 로맨틱한 사람
인물카드 + 반지 : 약혼자, 배우자

인물카드 + 책 : 전문직, 지적, 고학력, 신비스러움
인물카드 + 편지 : 당신에게 고백하려는 사람, 정보 전달자
인물카드 + 백합 : 성숙하고 지혜로운 사람, 원숙미
인물카드 + 태양 : 밝고 긍정적, 강한 의지, 리더
인물카드 + 달 : 신비로운 매력, 직관이 뛰어남
인물카드 + 열쇠 : 책임자, 해결사
인물카드 + 물고기 : 부유한 사람, 뛰어난 재테크 능력
인물카드 + 닻 : 안정적, 책임감이 강한 사람
인물카드 + 십자가 : 운명적 상대, 카르마적 관계, 트윈 플레임

30. 백합

30

키워드

순수, 순수의식, 원숙미, 노후, 자기희생, 평화, 경험, 지혜, 관능,
인식, 영향력 있는 사람, 성숙하고 지혜로운 사람

백합 카드는 전혀 다른 의미들이 있기 때문에 해석하기 다소 어
려운 카드일 수 있다. 백합은 많은 경험과 지혜를 가진 노년의 평
화로움을 의미한다.

또는 우리 내면 깊은 곳에 있는 가장 순수한 의식 혹은 종교를
나타내기도 한다. 특히 십자가 카드와 조합 하면 종교적 사명이나
거절하기 힘든 숙명을 나타낸다.

백합 카드는 성숙과 관능을 나타내기도 한다. 특히, 채찍 카드와
조합하면 성적인 의미로 해석이 가능하다. 순수와 관능미라는 양극
단의 해석이 가능하기 때문에 접속하는 카드들을 잘 살펴볼 필요
가 있다. 때로는 순수하고 진실한 것, 때로는 오래되고 평온한 것

을 나타낸다.

긍정의 해석

백합 + 관 : 결백

백합 + 십자가 : 기도, 참회

백합 + 뱀 : 나쁜 기운으로부터 보호받음. 부정적인 기운이 사라짐

백합 + 집 : 평화로운 가정생활

백합 + 탑 : 전통과 권위를 가진 기관

백합 + 어린이 : 어린이와 같은 순수

백합 + 달 : 내면 깊은 곳의 순수한 의식, 신을 향한 마음

백합 + 태양 : 행복한 노년

중립의 해석

백합 + 여우 : 속마음을 숨김, 내면의 소리보다는 논리를 따름.

백합 + 채찍 : 성적 유희

백합 + 부케 : 매력, 유혹, 관능적인 선물

백합 + 황새 : 은퇴

31. 태양

31

키워드

에너지, 성공, 행복, 영광, 명예, 카리스마, 승리, 자신감, 힘, 어떠한 상황에서도 승리를 이끌어 냄.

태양 카드는 레노먼드 카드 중에서도 가장 긍정적인 카드다. 접속하는 모든 카드에 긍정적인 힘을 더하고 밝게 비추어주는 카드다. 부정적인 카드와 함께 나온다고 하더라도 어둠을 밝히는 태양처럼 부정의 기운을 약화해 준다. 단, 구름은 태양을 가리고 비를 불러오기 때문에 폭풍전야와 같은 불안한 상황을 나타낸다. 태양 카드가 나온다면 성공과 성취 그리고 행복이 당신을 찾아올 것을 이야기한다.

긍정의 해석

태양 + 닻 : 출세, 사업에서의 큰 성공

태양 + 닻 + 나무 : 사업의 성공 그리고 확장과 번영

태양 + 라이더 : 좋은 소식, 기대되는 방문

태양 + 길 : 행복한 결정

태양 + 책 : 행복한 발견

태양 + 달 : 예술 분야에서의 성공

태양 + 어린이 : 순수한 행복

중립의 해석

태양 + 산 : 노력이 필요한 원대하고 높은 목표

태양 + 쥐 : 부정적인 사고에서 긍정적인 사고로의 전환을 위해 노력

태양 + 곰 : 강력한 자신감

부정의 해석

태양 + 구름 : 에너지를 잃고 무기력해짐, 폭풍 전야

태양 + 십자가 : 행복을 시험받음

32. 달

32

키워드

직관, 예감, 예언, 심층심리, 평판, 유명세, 명예, 인기, 로맨스, 예술, 재능, 싸이클, 순환, 그림자, 가려진 것, 꿈, 계시, 감정, 애정, 창의력

달은 때에 따라 기울고 차오르기를 반복하며 모양을 달리한다. 이것은 우리의 감정, 내면의 변화를 의미한다. 달은 내면세계, 뛰어난 직관력, 혹은 로맨틱한 감정을 나타낸다.

예술적 재능과 인기를 의미하기 때문에 당신의 인기와 명예가 높아질 것을 나타낸다.

또한 달은 가려져 있는 부분, 드러나지 않은 문제의 이면의 어떤 것을 나타내므로 겉으로 보이는 것이 다가 아니라는 것을 의미한다.

긍정의 해석

달 + 열쇠 : 꿈의 해석, 내면의 이해

달 + 하트 : 로맨틱하고 꿈같은 사랑

달 + 나무 : 치유, 정신 건강의 회복

달 + 나무 + 개 : 치유를 주는 상대

달 + 태양 : 음과 양의 조화, 정서적인 부분과 현실적인 부분의 조화

달 + 책 : 일기, 내면의 연구, 심리상담, 창의적, 예술적 직업

달 + 꽃다발 : 영감

달 + 나무 : 의식의 확장

부정의 해석

달 + 산 : 창의력을 가로막는 장애

달 + 쥐 : 사람에 대한 불신

달 + 채찍 : 불안정한 감정 상태, 꿈꾸는 것에만 시간을 소비

달 + 관 : 창의력 부족

33. 열쇠

33

키워드

힌트, 문제해결, 돌파구, 해답, 깨달음, 게시, 이해, 납득, 보안, 열기와 닫기, 중요

열쇠 카드는 당신이 답답하고 힘들다고 느꼈던 일의 해결책을 찾게 될 것을 말한다. 문제는 해결될 것이고 방법을 찾을 것이다. 하지만 열쇠를 쥐고 있는 것은 당신이다. 열쇠로 열 것인지, 잠글 것인지 또한 당신의 선택에 달려있다. 해결 방법이 나타난다고 하더라도 행동하지 않으면 아무 소용이 없기 때문이다.
열쇠는 중요성을 나타내기 때문에 인물 카드와 함께 나온다면 당신의 현 상황을 타개할 수 있는 주요한 인물, 키펄슨을 이야기한다.

긍정의 해석

열쇠 + 여우 : 업무적 돌파구

열쇠 + 낫 : 갑자기 문제가 해결됨

열쇠 + 황새 : 중대한 변화를 맞이함

열쇠 + 닻 : 안정적인 해결책

중립의 해석

열쇠 + 십자가 : 고통 없이는 얻는 것이 없다. 인고 끝에 얻는 보
상

부정의 해석

열쇠 + 산 : 해결까지 시간이 걸림

열쇠 + 십자가 : 고통 없이는 얻는 것이 없다. 인고 끝에 얻는 보
상

34. 물고기

34

키워드

재산, 재력, 돈, 투자, 상거래, 무역, 기업가, 확대, 번창, 욕구, 풍요, 유동성

물고기 카드는 기본적으로 물질적인 풍요를 의미한다. 당신의 노력은 크게 보상받을 것이고 결실을 볼 것이다. 이 카드는 로또 당첨 같은 일확천금을 갑자기 얻는 것이 아니라 당신의 능력이나 노력에 대한 보상을 의미한다.

물고기 카드가 의미하는 풍요는 정체된 것이 아닌 점점 확대되고 번창하는 것을 나타낸다. 물고기는 바다를 연상시키므로 해외 거래와는 관련이 있다. 배 카드와 함께 나왔을 때는 무역업, 해외 거래의 의미를 더욱 강조시켜 준다.

또한 물고기 카드는 움직임, 유동성에 대해서 이야기하기 때문에 움직이고 변화하게 되는 상황을 나타낸다.

긍정의 해석

물고기 + 집 : 가정의 재산이 늘어남

물고기 + 부케 : 고가의 선물

물고기 + 배 : 출세, 무역, 해외 거래의 성공, 호화로운 여행

물고기 + 나무 : 탄탄한 재정 상황, 상속

물고기 + 닻 : 안정적인 수입처

부정의 해석

물고기 + 낫 : 풍요의 끝

물고기 + 채찍 : 돈에 관련된 분쟁

물고기 + 쥐 : 재정의 손실, 낭비

물고기 + 구름 : 불확실한 소득

물고기 + 관 : 파산

35번. 닻

35

키워드
안정, 직업, 훈련, 목표, 인내력, 의무, 고정, 부담감, 완고함, 신뢰

닻 카드는 안정적인 상황 혹은 도달하고자 하는 최종 목표를 나타낸다. 커리어 면에서 볼 때 안정적이고 지속적인 성공을 의미한다.

하지만 고정되어 있어 움직이지 않는다는 의미에서 무겁게 짓누르는 부담감, 중압감을 나타내기도 한다. 부정적인 카드와 조합하면 그 상황이 고정되고 지속하고 있다는 것을 나타낸다. 그 때문에 부정적 의미로 닻 카드가 나왔다면, 지금 타파해야 하는 지속적인 문제점이 무엇인지 파악해야 한다.

긍정의 해석

닻 + 개 : 신뢰할 수 있는 사람

닻 + 별 ; 목표 달성

닻 + 태양 : 성공

닻 + 반지 : 확실한 계약, 확실한 약속

부정의 해석

닻 + 뱀 : 안전을 위협하는 존재

닻 + 산 : 힘든 상황에 발목 잡힘, 벗어나기 힘듦

닻 + 길 : 안전한 울타리를 벗어나 새로운 길을 가야하는 것에 대한 갈등

닻 + 채찍 : 오랫동안 고통 받음

닻 + 채찍 + 십자가 : 실수로 인해 무거운 책임을 짊어짐

닻 + 산 : 이동과 변화가 없음

36. 십자가

36

키워드
영성, 종교, 운명, 숙명, 죄책감, 무거운 짐, 시험, 운명적 사명, 카르마, 고난, 계시, 중책, 믿음이 필요한 상황

십자가 카드는 거역할 수 없는 운명, 운명적으로 떠안게 되는 무거운 짐을 나타낸다. 이것을 다른 말로 카르마, 업보라고도 할 수 있을 것이다. 십자가의 상황은 분명 시련일 수 있지만 그것을 통해 운명적 사명을 완수할 수도 있고, 영적 성장을 이루어 낼 수도 있다.

십자가는 운명 그 자체를 나타낼 수 있기 때문에 인물 카드와 조합하면 운명적인 상대를 나타낼 수 있다.

십자가 카드는 36번 마지막 카드다. 이제 끝내고 완성 시켜야 하는 어떤 것을 이야기 할 수 있고 드디어 완성하고 끝낼 수 있다는 의미로 해석할 수 있다.

긍정의 해석

십자가 + 닻 : 천직

십자가 + 백합 : 신앙심, 사명

십자가 + 백합 + 채찍 : 다시 태어남, 참회

십자가 + 관 : 고통의 끝

십자가 + 황새 : 고통에서 벗어남

십자가 + 태양 : 해방, 자유를 얻음.

부정의 해석

십자가 + 책 : 어두운 비밀, 종교 공부

십자가 + 하트 : 카르마적 관계

레노먼드 저널

저널 페이지는 전체 키워드를 정리하고 실질적인 해석을 연습하기 위한 것이다. 키워드, 3카드 비네트, 9장 타블로, 그랑 타블로 스프레드를 직접 뽑고 기록하면서 단계 별로 연습해 보자.

36장의 키워드

추가하고 싶은 키워드가 있다면 기록해도 좋다.

1.라이더 메시지 스피드	2.클로버 행운 기회	3.배 모험 장거리	4.집 보호 안전	5.나무 건강 성장	6.구름 불안 모호함
7.뱀 욕망 독	8.관 결말 재생	9.부케 선물 아름다움	10.낫 결정 갑자기	11.채찍 갈등 논쟁	12.새 소문 대화
13.어린이 시작 순수	14.여우 이기심 커리어	15.곰 리더 권력	16.별 희망 목표	17.황새 변화 이동	18.개 우정 지원

19.탑 권위 고립	20.정원 커뮤니티 SNS	21.산 장애 과제	22.길 선택 망설임	23.쥐 결핍 손해	24.하트 사랑 열정
25.반지 약속 파트너십	26.책 비밀 지식	27.편지 정보 소식	28.남자 본인 주요인물	29.여자 본인 주요인물	30.백합 지혜 관능미
31.태양 성공 행복	32.달 감정 명성	33.열쇠 해결 계시	34.물고기 재정 풍요	35.닻 안정 고정	36.십자가 사명 부담

2 카드로 짧은 문장 만들기
2장의 레노먼드 카드를 뽑아 오늘 일어날 일을 예측해
보고 결과를 기록해 두자.

예시)

날짜 : 2022.8.25

조합 : 8번 관 + 35번 닻

예측 : 고난과 노력 끝에 목표에 도달함

결과 : 오랜 시간 끝에 프로젝트 완성

날짜 :

조합 :

예측 :

결과 :

날 짜 :

조 합 :

예 측 :

결 과 :

날 짜 :

조 합 :

예 측 :

결 과 :

날 짜 :

조 합 :

예 측 :

결 과 :

날 짜 :

조 합 :

예 측 :

결 과 :

날 짜 : ....

조 합 : ....

예 측 : ....

....

결 과 : ....

....

날 짜 : ....

조 합 : ....

예 측 : ....

....

결 과 : ....

....

3카드 비네트

2번 클로버	12번 새	22번 길

◇ 질문

한 달 이내 나에게 일어나는 변화는?

◇ 문장 만들기 - 2개 이상의 문장 만들기

1. 클로버 + 새 : 예상치 못했던 기쁜 소식, 정보

2. 새 + 길 : 정보나 소식을 통해 새로운 옵션이 생김

3.

◇ 해석 - 문장을 자연스럽게 연결하기

한 달 이내 좋은 정보를 듣게 되거나, 제안을 받게

되어, 새로운 영역으로의 진출,

혹은 선택할 수 있는 옵션이 생긴다.

3카드 비네트

◇ 질문

....

....

◇ 문 장 만 들 기 - 2개 이 상 의 문 장 만 들 기

1. ....

2. ....

3. ....

◇ 해 석 - 문 장 을 자 연 스 럽 게 연 결 하 기

....

....

....

3카드 비네트

◇ 질문

....

....

◇ 문장 만들기 - 2개 이상의 문장 만들기

1. ....

2. ....

3. ....

◇ 해석 - 문장을 자연스럽게 연결하기

....

....

....

9장 타블로 (예시)

23번 쥐	17번 황새	11번 채찍
20번 정원	31번 태양	7번 뱀
5번 나무	19번 탑	18번 개

◇ 질문

새롭게 시작하는 사업이 좋은 성과를 거둘 수 있을까?

◇ 키카드 (significator) : 31번 태양 / 새로운 사업에서 큰 성공을 손에 넣게 될 것을 이야기 한다.

◇ 가로읽기

1.쥐 + 황새 + 채찍 : 불안과 스트레스(쥐)를 이기고 새로운 일을 탄생(황새)시킴, 새로운 사업이 시작한 후에 더욱 바빠질 것(채찍)으로 보인다.

2. 정원＋태양＋뱀 : 새로운 사업을 통해서 많은 사람들과 교류(정원)하게 될 것이며 성공(태양)을 거둘 것이다. 그러나 당신의 성공을 질투하는 사람(뱀)이 있을 수도 있다. 하지만 강력한 긍정을 나타내는 태양 카드 뒤에 뱀 카드가 나왔기 때문에 뱀 카드는 큰 영향을 끼칠 수 없다. 질투와 시기가 당신의 성공에 어떤 악영향도 끼치지 못 할 것이다.

3. 나무＋탑＋개 : 사업의 확장과 번영, 혹은 다른 분야로의 진출(나무)을 도와 줄 다른 회사, 혹은 사람들(탑)과의 신뢰(개)할 수 있는 관계를 맺을 수 있다.

◇ 세로읽기

1. 쥐＋정원＋나무 : 사업이 확장되면서 사람들과 교류(정원)하고 접촉할 기회가 늘어난다. 교류와 확장 대한 불안(쥐)이 있지만 결국 성장과 풍성함(나무)으로 연결 될 것이다.

2. 황새＋태양＋탑 : 더 높고 확장된 세상(태양＋탑)으로 이동(황새)한다.

3. 채찍＋뱀＋개 : 비즈니스가 확장되면서 자연스럽게 더 많은 곳에서 평가를 받게 될 것이다. 사람들에게 받아들여 질 것인가, 인정받을 수 있을 것인가에 대한 두려움(뱀)과 기대(개)가 혼재한 상태(채찍)다.

◇ 십자리딩   태양(현재)
                                정원(과거) 황새   뱀(미래)
                                        탑(힌트)

새로운 비즈니스가 확장의 단계(정원＋황새)로 가게
되면 자연히 나를 시기하거나 질투하는 사람들에 대한
걱정, 내가 보여주는 것이 인정받을 수 있을까라는   ,
두려움(뱀)이 생길 수 있다. 그러나 이 모든 과정 또한
더 높은 단계(탑)로 가기 위한 과정으로 받아들이면
된다.

◇ 모서리 카드 읽기
쥐, 채찍, 나무, 개
노력이 결실을 맺지 못할까라는 두려움과 결과물이
사람들에게 환영받았으면 하는 희망.

9장 타블로

◇ 질문

◇ 키 카드 (significator) :

◇ 가 로 읽 기

1.

2.

3.

◇ 세로 읽기

1.

2.

3.

◇ 십자 리딩

◇ 모서리 카드 읽기

9장 타블로

◇ 질 문

◇ 키 카 드 (significator) :

◇ 가 로 읽 기

1.

2.

3.

◇ 세로 읽기

1.

2.

3.

◇ 십 자 리 딩

◇ 모 서 리 카 드 읽 기

그랑 타블로 (예시)

32번 달	27번 편지	4번 집	29번 여자	28번 남자	6번 구름	14번 여우	26번 책
24번 하트	15번 곰	34번 물고기	13번 어린이	21번 산	3번 배	30번 백합	10번 낫
33번 열쇠	25번 반지	35번 닻	16번 별	2번 클로버	12번 새	9번 부케	22번 길
36번 십자가	1번 라이더	5번 나무	8번 관	19번 탑	18번 개	17번 황새	23번 쥐
		11번 채찍	20번 정원	7번 뱀	31번 태양		

◇ 질문
이번 달 사업운과 금전운은 어떻게 흘러갈까?

◇ 키카드 (significator) – 일, 사랑, 풍요 등을 점칠 수
있는 여러 개의 키카드를 찾아보자

1. 질문자 29번 여자 카드
2. 사업운 14번 여우 카드
3. 금전운 34번 물고기 카드

◇ 질문자의 현재 상황 (질문자의 세로 줄)
여자, 어린이, 별, 관, 정원
질문자는 매래를 위한 새로운 시도를 계획하고 있고
실질적으로 상황이 크게 바뀌고 일에 관련하여 새로운
커뮤니티나 인연이 등장을 할 것이다.

◇ 미래에 일어날 일 (현재를 기점으로 오른쪽 가로 줄)
여자, 남자, 구름, 책
현재 질문자가 알 수 없는 새로운 가능성이 펼쳐질
것이다.

◇ 키카드 별로 십자 리딩하기

1. 구름 (과거) 여우 (키 카드) 책 (미래)
           백합 (힌트)

현재 불안하게 생각하는 부분, 혹은 가려져있는
부분 (구름) 이 하나의 형태로 탄생할 것으로 보인다.
노력하던 작품이 탄생 (책) 하는 등, 공들이던 일이
결실을 맺을 것으로 보인다. 백합 카드가 힌트 카드인
것으로 보아, 질문자의 지혜와 통찰을 담은 작품이
탄생하거나 오랜 시간 공들이던 일이 드디어 형태를
갖출 것으로 보인다.

2.   집 (현 재)
    곰 (과 거) 물 고 기 (키 카 드) 어 린 이 (미 래)
                닻 (힌 트)

과 거 부 터 금 전 적 인 부 분 에 서 꾸 준 히 노 력 을 해 왔 고 ,
현 재 안 정 적 인 상 황 으 로 보 인 다 . 현 재 도 금 전 적 인
상 황 이 좋 은 것 으 로 보 인 다 . 미 래 에 는 금 전 을 획 득 할
수 있 는 새 로 운 방 향 성 을 생 길 것 으 로 보 이 고 힌 트
카 드 인 닻 카 드 로 보 아 , 지 금 이 룬 성 공 보 다 더 큰
성 공 과 안 정 성 을 금 전 면 에 서 획 득 할 것 으 로 보 인 다 .

◇ 모 서 리 카 드 리 딩
달 , 책 , 십 자 가 , 쥐
본 인 이 노 력 해 온 작 품 이 나 작 업 (책) 에 관 련 하 여 명 예 와
보 상 (달) 을 얻 을 수 있 을 것 인 가 에 대 한 중 압 감 (십 자 가)
때 문 에 막 연 한 불 안 감 (쥐) 을 느 끼 고 있 다 .

◇ 아 래 4 장 의 에 센 스 카 드 리 딩
채 찍 , 정 원 , 뱀 , 태 양
노 력 한 작 업 , 작 품 혹 은 진 행 중 인 사 업 에 관 련 하 여
좋 은 평 판 을 얻 을 수 있 을 것 인 지 에 대 한 불 안 이
있 지 만 그 불 안 은 다 가 올 성 공 에 비 하 면 작 은
걱 정 거 리 에 불 과 하 다 . 조 만 간 본 인 의 기 대 이 상 의
성 공 을 손 에 쥐 게 될 것 이 다 .

그랑 타블로

◇ 질문

◇ 키 카드 (significator) – 일, 사랑, 풍요 등을 점칠 수
있는 여러 개의 키 카드를 찾아보자.

1.
2.
3.

◇ 질문자의 현재 상황 (질문자의 세로 줄)

◇ 미래에 일어날 일 (현재를 기점으로 오른쪽 가로 줄)

◇ 키카드 별로 십자 리딩하기

1.

2.

3.

◇ 모서리 카드 리딩

◇ 아래 4장의 에센스 카드 리딩

그 랑 타 블 로

◇ 질 문

◇ 키 카 드 (significator) - 일, 사 랑, 풍 요 등 을 점 칠 수
있 는 여 러 개 의 키 카 드 를 찾 아 보 자

1.
2.
3.

◇ 질문자의 현재 상황 (질문자의 세로 줄)

◇ 미래에 일어날 일 (현재를 기점으로 오른쪽 가로 줄)

◇ 키카드 별로 십자 리딩하기

1.

2.

3.

◇ 모서리 카드 리딩

◇ 아래 4장의 에센스 카드 리딩

작가의 말

점술가로서 개인 상담이나 유튜브 타로 리딩을 하다 보면 항상 받는 질문이 있습니다.

"삶은 이렇게 힘든데 점술은 왜 항상 긍정적인가요?"

저는 먼저 이렇게 묻습니다.

"어떠한 상황에서도 희망이 있다는 것을 믿습니까?"

점술에는 분명히 예언이 있습니다. 기본적으로 앞으로 일어날 일이 궁금하기 때문에 점술을 보는 것이겠지요. 그리고 항상 긍정적인 카드만이 나오는 것은 아닙니다. 밝고 긍정적인 카드도 나오지만 고난이 예상되는 카드도 나옵니다. 하지만 예언보다 중요한 것은 '그 기회를 어떻게 사용할 것인가?' 혹은 그 고난에서 '무엇을 배우고 극복하는 과정에서 어떤 성장을 이룰 것인가?'라고 생각합니다.
물론 성장은 쉽지 않습니다. 당장은 고통을 수반 할 수도 있습니다.
하지만 산고의 고통 후에 새로운 생명이 탄생하는 것처럼, 삶의 고통 후에는 반드시 빛나는 가치를 발견하게 됩니다.
저는 점술가로서 보상의 카드가 나왔을 때는 함께 기뻐하고 성장의 카드가 나왔을 때는 그 카드가 전하는 진정한 가치를 전달하기 위해 노력하고 있습니다.
그런 의미에서 보자면 나쁜 카드는 한 장도 없다고 생각합니다. 왜냐하면 어떠한 상황에서도 희망과 가치를 발견하는 것이 인생의 중요한 과정 중 하나라고 생각하기 때문입니다.
저는 그 희망을 전하는 점술가이고 싶습니다.
점술에 사용되는 모든 카드들이 진정 빛을 발하는 순간은 카드를 통해 삶의 희망을 발견했을 때라고 생각합니다.
여러분이 삶의 모든 과정 중에서 밝은 빛을 발견하기를 바랍니다.

타로매직